AF340099

DISCOURS

PRONONCÉS PAR

M. le Duc d'AUDIFFRET-PASQUIER

ET

M. Édouard BOCHER,

les 23 et 28 Août 1888

SUIVIS DE

deux lettres de

Mgr LE COMTE DE PARIS

PARIS

LIBRAIRIE NATIONALE

104, AVENUE VICTOR-HUGO, 104

—

1888

DISCOURS

DE

M. LE DUC D'AUDIFFRET-PASQUIER

PRONONCÉ LE 23 AOUT 1888

A L'HOTEL CONTINENTAL, A L'OCCASION DE LA NAISSANCE

DE Mgr LE COMTE DE PARIS

Le jeudi 23 août 1888 avait lieu, dans les salons de l'Hôtel Continental, un grand banquet pour fêter l'anniversaire de la naissance de Monsieur le Comte de Paris.

Trois cents convives se sont assis aux tables préparées dans la grande galerie de l'hôtel, et, si l'emplacement n'eût limité forcément le nombre des assistants, le comité organisateur n'eût pas eu le regret de refuser un nombre considérable de personnes qui s'étaient fait inscrire trop tard.

La nombreuse assemblée de ce banquet comprenait, il faut le noter avec soin, en dehors des notabilités politiques, anciens ministres, anciens membres de nos assemblées, députés, membres du conseil municipal, anciens magistrats, représentants de la presse monarchique, de nombreux représentants de la grande industrie, du haut commerce, de la finance, et aussi des contremaîtres et des ouvriers de nos principales manufactures, qui avaient tenu à associer le travail à cette fête de la fidélité politique et des espérances nationales. C'était, de la part de ces ouvriers, dont quelques-uns se sont rendus il y a quelques jours à Sheen-House, et de ces chefs de maisons de commerce, de ces industriels, une manifestation imposante que nous signalons avec joie.

La grande galerie étincelait de lumière. Des trophées de drapeaux tricolores étaient accrochés aux colonnes, et sur un socle élevé avait été placé le buste de Monsieur le Comte de Paris, sculpté par Maubach.

Le banquet était présidé par M. le duc d'Audiffret-Pasquier, sénateur, ayant à sa droite M. Ferdinand Duval, ancien préfet de la Seine, conseiller municipal de Paris, et à sa gauche M. Edouard Hervé, de l'Académie française, directeur du *Soleil*.

A l'issue du banquet, M. le duc d'Audiffret-Pasquier s'est levé, et d'un ton vibrant, avec une émotion que partageaient tous les assistants, il a prononcé le remarquable discours dont voici le texte :

Messieurs,

Il y a des jours où les préoccupations habituelles de la vie sont suspendues ; une date évoque de vieux souvenirs, et notre pensée remonte le cours des années écoulées.

Tel est l'anniversaire qui nous réunit aujourd'hui.

Il y a cinquante ans, à pareil jour, le canon retentissait, annonçant une bonne nouvelle, le cœur de la grande cité battait plus vite, la ville de Paris envoyait ses représentants saluer au palais des Tuileries le Prince qui devait porter son nom. Heures heureuses où la joie déborde, où nul ne peut prévoir les tristesses prochaines.

Que de souhaits de bonheur entouraient ce berceau ! De tous les dons que les bonnes fées apportaient au royal enfant, un surtout devait lui être utile : la hauteur d'âme qui donne la force dans l'épreuve, la dignité dans le malheur.

Après de si longues années passées dans l'exil, c'est encore dans un exil immérité que nous devons porter nos hommages au chef de la maison de France. Plus les désillusions et les mécomptes se sont accumulés, plus nos alarmes sont devenues vives, plus nous avons besoin de nous serrer autour de lui, demandant au principe qu'il représente la sécurité qui nous manque.

Que reste-t-il de la Constitution de 1875 ? Le flot des délations a fait monter le scandale jusqu'au palais de l'Elysée ; le chef de l'Etat en a été chassé, emportant avec lui le principe de l'irresponsabilité présidentielle et livrant son successeur aux hasards d'une coalition parlementaire.

Sous un gouvernement qui prétend ne relever que de la volonté populaire, on a retiré à la France le droit de disposer de ses destinées ; enfin, la composition comme le mode du recrutement du Sénat ont été modifiés.

Tout cela ne suffit pas aujourd'hui.

Les crises ministérielles se succèdent imprévues, inexpliquées ; le pouvoir a passé des mains des républicains modérés aux mains des radicaux ; une nouvelle revision est promise ; le ministère la réclame avec une ardeur égale à la nôtre, donnant le spectacle singulier d'un gouvernement décriant les institutions qu'il doit défendre, et jetant lambeau par lambeau aux passions révolutionnaires la Constitution confiée à sa garde.

Au moment où la fortune publique est compromise, où devant les déficits accumulés l'établissement du budget est un problème insoluble contre lequel les commissions, les ministères, se heurtent et se brisent ; au moment où il semblerait logique de faire appel à toutes les compétences, on n'a d'autre souci que de retirer au Sénat les quelques heures qu'on lui laissait encore pour examiner les finances de l'Etat ; on veut faire taire à l'avenir une voix importune.

Avec un Président de la République sans autorité, un Sénat amoindri, un ministère dominé par les passions qu'il a déchaînées, mesurez, Messieurs, l'espace qui nous sépare de la tyrannie d'une Assemblée unique, de la Convention, de la Commune.

Au milieu de l'effrayante instabilité des pouvoirs publics, sommes-nous au moins défendus par une magistrature indépendante? Non.

Nous avons vus nos princes jetés en exil sans motifs, sans défense possible; nous avons vu déchirer la charte de l'armée qui donne à l'officier la propriété inviolable de son grade.

Il y a peu de jours, nous avons vu la saisie administrative, les perquisitions illégales, la violation du secret de la correspondance privée, tout cela au nom de la raison d'Etat, du droit supérieur de la haute police; grands mots qui cachent mal l'arbitraire, l'illégalité, le déni de justice. Tout cela pratiqué par des hommes qui, sous l'Empire, signaient les plus éloquentes protestations, et qui, aujourd'hui, aux abus du pouvoir joignent le scandale de l'apostasie.

Wilson a été acquitté, les fonctionnaires qui avaient si complaisamment châtré le dossier ont été récompensés. Puis arrive la plaisante aventure du substitut tombé en disgrâce pour avoir fait exécuter un arrêt de la justice. Le délit était flagrant, le maire de Carcassonne justement condamné, le ministre de la justice le reconnaît, mais c'était un maire républicain nommé par une ville républicaine.

Il a dit, cet étonnant successeur des Malesherbes, des Martignac, des Portalis et des Dufaure : « S'il s'agit d'un odieux trafic des emplois publics, de fraudes portant atteinte au suffrage universel, si les coupables sont républicains, le Code est muet, les magistrats désarmés. »

Oui, dans ce pays affamé de justice et d'égalité, il y a

des hommes que la loi ne peut protéger, il y a des hommes que la loi ne peut atteindre !

Egalité et justice pour tous ! nous ne voulons pas de privilèges pour nous, nous n'en voulons pas contre nous. Nos indignations n'ont pas vieilli ; nous protestons aujourd'hui comme nous avons toujours protesté.

Nous trouvons mauvais que ce pouvoir qui nous opprime et ne nous gouverne pas subisse les arrogantes prétentions du Conseil municipal de Paris et laisse tenir en échec tous les pouvoirs publics ; nous trouvons mauvais qu'alors qu'on refuse à tous les conseils municipaux de France le droit d'intervenir au nom des pères de famille dans les questions d'enseignement, on laisse le Conseil municipal de Paris décider les programmes, choisir les livres, ériger des chaires en Sorbonne. Je sais bien qu'on a confiance dans sa vigilance pour écarter toute pensée religieuse de l'éducation de l'enfant, et pour qu'il ne coure pas risque d'entendre prononcer le nom de Dieu. Cela explique tout, excuse tout. M. le ministre de l'instruction publique n'a pas craint d'affirmer aux instituteurs réunis que leur véritable rôle, leur véritable mission était de combattre le curé, d'effacer les vieilles croyances, d'installer la guerre religieuse dans toutes les communes de France.

Le christianisme, voilà l'ennemi ! Oui, car c'est l'ennemi de toutes les servitudes, de tous les abaissements.

Ecoutez la voix qui sort du Vatican, elle nous dit que la liberté est le bien le plus précieux donné à l'homme, qu'il est des droits inaliénables dont nulle puissance ne peut nous dépouiller ; que les sociétés modernes reposent sur ces vérités ; que si, dans ces jours malheureux, où la conscience se trouble et se déconcerte, elles semblent obscurcies ou délaissées, le sentiment chrétien proteste, il résiste, et elles ne tardent pas à reprendre leur force.

Saluons, Messieurs, dans sa sereine grandeur, cette autorité qui ne s'incline ni devant César ni devant les jacobins.

Voilà pourquoi, soutenus par nos croyances religieuses, nous restons des libéraux et repoussons la doctrine révolutionnaire qui prétend faire disparaître l'individu, la famille, la conscience, tous nos droits devant le dogme de la souveraineté du nombre.

Sous un gouvernement qui se dit uniquement occupé du bonheur du peuple, avons-nous au moins la prospérité matérielle? Je vis au milieu de populations rurales, je suis témoin de leur souffrance, de leur détresse ; elles se sentent mal protégées et succombent sous le poids de charges chaque jour plus intolérables. A vous, Messieurs, qui êtes les représentants si autorisés de la grande industrie, du commerce, de la banque, à nous dire si les affaires sont prospères, si vous jouissez de la paix, de la sécurité nécessaires à leur développement. Oui, il y a dans le pays un malaise profond, indéniable, résultant de l'instabilité des pouvoirs publics, de l'absence d'autorité, de l'absence de direction, de la conviction enfin que nous avons tous que nos intérêts les plus chers sont sacrifiés à des préoccupations électorales.

Dissolution ! Revision ! sont les cris qui retentissent partout. On veut la convocation d'une Constituante.

Les questions sont nettement posées. Je m'en réjouis ; on ne conduit pas un pays quand on n'ose pas lui dire où on le mène. Je tiens pour moi qu'en politique l'effacement c'est le suicide.

Combattons donc sous notre bannière, disons au pays qui nous sommes, ce que nous voulons. Qu'avons-nous à cacher?

Monseigneur le Comte de Paris, avec une courageuse franchise, a publié notre programme. C'est le programme de 1788, c'est le résumé des cahiers de la France moderne, nos libertés placées sous la protection d'une autorité forte, impartiale, parce qu'elle prend sa source dans la tradition nationale, dans le droit historique, dans le vieux contrat renouvelé par la volonté de la nation.

Avec quelle fermeté le programme sera suivi par notre Chef, nous pouvons le dire, nous qui connaissons son esprit élevé, son âme si droite justifiant ce mot de Madame la duchesse d'Orléans : « Paris est plus qu'une intelligence, c'est une conscience. »

Laissons passer sans nous troubler les popularités éphémères dont le triomphe ne serait pas une solution ; ayons confiance dans le bon sens des électeurs. Ils ne pensent aujourd'hui qu'à protester contre un gouvernement qui les ruine ; ils n'écoutent que leurs justes colères et leurs dégoûts. Ils ne peuvent ignorer que les hommes qui proclament bien haut les droits du peuple aujourd'hui, quand ils sont parvenus au pouvoir, ne pensent qu'à les supprimer. Le principe monarchique barre la route à toutes ces ambitions. Royalistes, libéraux, c'est sur ce terrain que nous devons rester et combattre. Marchons sans découragement comme sans défaillance. Les élections sont proches, organisons-nous. Une centralisation excessive nous avait déshabitués des mâles initiatives. En dehors des agents officiels, le parti conservateur ne savait plus choisir ses chefs, former ses cadres : nous avons fait de grands progrès, il en reste encore à faire. Organisons des réunions publiques, cherchons les occasions de dissiper les malentendus, les préjugés ; montrons au pays qu'on l'abuse, que la Monarchie seule peut lui donner à l'intérieur comme à l'extérieur la paix dont il a tant besoin.

Réunissons enfin de larges souscriptions pour donner à nos candidats les moyens de soutenir la lutte ; pour cette œuvre, tendons la main à toutes les bonnes volontés. Appelons à notre aide les vieux, les jeunes, les femmes aussi ; vous savez, Messieurs, de quels miracles elles sont capables lorsqu'il s'agit d'une cause qui a su émouvoir leur nature délicate et généreuse.

Quand, dans un jour de revers, Duguesclin fut aux mains des Anglais, un cri retentit dans la Bretagne tout entière : « Filez, femmes de Bretagne, Duguesclin est dans les fers ! » et les fuseaux tournaient plus vite, et la rançon fut payée. Filez, femmes de France, le roi est en exil !

Aidez-nous ! la cause est digne de vous ; il s'agit de vos chères croyances, de la paix de vos foyers, de l'avenir de vos fils, aidez-nous !

Le succès, tout nous le présage : le mouvement qui s'est produit aux élections de 1885, aux élections cantonales, aux élections municipales.

Nous aurons la victoire si nous nous en montrons dignes par notre confiance et notre énergie.

Et maintenant, Messieurs, choquons joyeusement nos verres ; c'est un jour heureux que le jour où est né le Chef si digne de la France, si digne de sa race, si digne de tous nos dévouements.

Buvons au jour prochain, j'en ai le ferme espoir, où les vieilles falaises normandes retentiront de nos acclamations, saluant le navire qui ramènera, avec nos chers exilés, la paix sociale, la prospérité disparue, le respect des croyances, la justice pour tous et la liberté!

Vive Monseigneur le Comte de Paris!

A l'occasion de ce discours, Monsieur le Comte de Paris a adressé à M. le duc d'Audriffret-Pasquier la lettre suivante :

Loch Kennard Lodge, 26 août 1888.

Mon cher Duc,

En parlant de la monarchie au banquet du 23, vous avez fait vibrer tous les cœurs. Vous avez montré à la France que cette monarchie sera le gouvernement à la fois le plus conservateur et le plus libéral qu'elle puisse avoir. La nécessité de défendre les grands intérêts sociaux contre l'influence néfaste des institutions républicaines oblige parfois les monarchistes à choisir pour les luttes électorales un terrain commun à tous les conservateurs.

C'est justement pour cela qu'en dehors de ces luttes ils doivent, aujourd'hui plus que jamais, affirmer leur foi et leurs espérances. Ils le doivent à eux-mêmes, ils le doivent au pays ; et cette sincérité ne saurait nuire aux alliances qu'ils pourront avoir à contracter à la veille du scrutin.

Je vous félicite donc d'avoir si bien donné l'exemple. J'espère qu'il sera suivi et que votre noble appel aux femmes de France sera entendu comme il le mérite.

Je termine en vous priant de me croire

Votre bien affectionné,

PHILIPPE, COMTE DE PARIS.

DISCOURS

DE

M. BOCHER

PRONONCÉ

LE 28 AOUT 1888, A PONT-L'ÉVÊQUE

Un banquet par souscription a été offert, le 28 août 1888, à cinq heures du soir, à M. Bocher, sénateur du Calvados, par les herbagers et les éleveurs du pays d'Auge.

La réunion a eu lieu à l'hôtel du Bras-d'Or. Elle avait pour but de témoigner à M. Bocher la reconnaissance que motivent les services qu'il a rendus depuis quarante-cinq ans au département du Calvados.

Les organisateurs de cette réunion étaient M. Chevallier, M. de Croissy et M. Pierre de Witt.

Du reste, la tâche des organisateurs avait été visiblement facilitée par l'empressement des personnes qui ont pris part à cette manifestation.

Bien que le banquet n'ai été annoncé que 48 heures à l'avance, le nombre des adhésions a été si considérable que les aménagements de la salle des fêtes ont dû être modifiés au dernier moment.

Le nombre des cartes délivrées avait été de cent soixante-dix, et, comme d'autres personnes se sont présentées à la dernière heure, nous ne croyons par exagérer en fixant à deux cents personnes le chiffre effectif des convives.

Trois grandes tables étaient dressées dans la salle de l'hôtel du Bras-d'Or. Aux deux extrémités, avaient été disposés de la façon la plus artistique des faisceaux de drapeaux tricolores.

Ces faisceaux encadraient au fond de la salle, en face de la table d'honneur, les armes de la ville de Pont-l'Evêque, dessinées et ornementées par un peintre distingué de Paris.

Le banquet était présidé par M. Conrad de Witt, député de l'arrondissement, ayant à sa droite M. Bocher, sénateur, et à sa gauche M. le baron Gérard, député du Calvados.

On remarquait ensuite M. le marquis de Cornulier et M. Paulmier, députés ; M. Paul Target et M. Cornélis de Witt, anciens députés ; M. de Lyée de Belleau et M. Maurice Gérard, conseillers généraux du Calvados ; M. Luard et M. Chevallier, anciens conseillers généraux du Calvados ; M. Emile Hébert, conseiller général de l'Eure ; M. Campion, ancien conseiller général de l'Eure.

Dans la salle se pressaient un très grand nombre de maires, de conseillers municipaux, parmi lesquels plusieurs de Pont-l'Evêque, la plupart des notabilités du pays, des herbagers, des cultivateurs et des commerçants de Lisieux et de Pont-l'Evêque.

A l'arrivée de M. Bocher, venu en voiture de Lisieux, les personnes qui stationnaient dans la cour de l'hôtel du Bras-d'Or se pressent sur son passage et lui témoignent leur sympathie.

M. Conrad de Witt a introduit M. Bocher dans la salle. Tous les assistants se sont levés et ont accueilli l'honorable sénateur par deux salves d'applaudissements.

Un maire de l'arrondissement de Pont-l'Evêque s'est alors approché de M. Bocher et lui a offert, au nom des cultivateurs de la région, un magnifique bouquet. M. Bocher, en quelques paroles émues, l'a remercié de cette attention, et le banquet, d'ailleurs parfaitement servi, a commencé.

Au dessert, le président, M. Conrad de Witt, a pris la parole et prononcé l'allocution suivante :

Messieurs,

Nous sommes réunis ici pour exprimer à M. Bocher la reconnaissance de ses électeurs, et pour lui dire l'espoir qu'ils mettent en lui. A travers leurs fréquentes inquiétudes, nos éleveurs et nos bouilleurs de cru se sentent toujours rassurés par la confiance que leur inspirent son caractère, son habileté, sa ténacité et sa merveilleuse éloquence. Mais nous avons à attendre de M. Bocher bien plus et bien mieux que la défense des intérêts particuliers de notre région.

Nous souffrons d'une misère générale qui est due, en grande partie, à l'état d'agitation révolutionnaire dans lequel nous maintient le régime républicain. Nous sommes las d'être battus par l'orage. Nous comptons sur vous, M. Bocher, pour nous aider à entrer au port. (*Vifs applaudissements.*)

Messieurs, je bois à la santé de l'homme éminent auquel nos populations ont donné leur cœur lorsqu'il administrait notre département sous le règne heureux et pacifique du roi Louis-Philippe. (*Vifs applaudissements.*)

Aujourd'hui et dans le temps troublé où nous vivons, elles le considèrent comme le meilleur gardien de leurs intérêts et le plus fidèle interprète de leurs sentiments.

Messieurs, je porte la santé de M. Bocher. (*Acclamations prolongées. Vive M. Bocher!*)

M. Bocher s'est levé et a prononcé le discours suivant :

Messieurs,

Oubliez, je vous prie, dans ce que vous venez d'entendre les trop flatteuses paroles qui s'adressent à moi ; — elles sont moins l'expression de votre propre pensée que le témoignage d'une vieille et généreuse amitié, mais d'une amitié qui s'abuse. (*Protestations.*) J'ai besoin de les oublier moi-même, pour ne pas céder au trouble dont je me sens saisi et pour pouvoir garder le peu de forces qui me restent, au moment où j'essaye de vous parler.

N'est-ce pas assez déjà de la vive émotion que me causent la vue de cette nombreuse réunion et l'accueil que j'en reçois ?

Que de souvenirs, en effet, elle réveille dans mon esprit, — je puis dire dans mon cœur, — me rappelant tout ce que vous avez fait pour moi, tout ce que je vous dois, et depuis si longtemps... (*Applaudissements*), depuis le jour où je fus appelé à l'administration de ce département par la faveur d'un ministre illustre — particulièrement heureux aujourd'hui de lui renouveler l'hommage de ma reconnaissance, en présence de ceux qui ont hérité de son attachement à votre pays, et qui conservent et honorent si dignement parmi vous la grande mémoire de M. Guizot. (*Applaudissements.*)

La faveur était insigne ; il aurait fallu, ne l'ayant pas méritée, pouvoir s'en rendre digne, par un long et utile dévouement. Mais bientôt le gouvernement que je servais était emporté par la plus imprévue, la plus injuste, je ne crains pas d'ajouter la plus funeste des révolutions.

A peine quelques mois plus tard, vos suffrages m'ont ouvert la carrière parlementaire, où trois fois, depuis, votre confiance m'a maintenu.

Ai-je su la justifier, en remplissant tous les devoirs qu'elle m'imposait ? Ai-je bien servi vos intérêts ? Ma conscience me dit que, du moins, je l'ai vivement souhaité, que je m'y suis constamment appliqué ; elle me dit aussi que, quoi que j'aie pu faire, je demeure votre obligé, et que je ne saurai jamais m'acquitter envers vous ! (*Applaudissements.*)

Vos intérêts, Messieurs, qui donc les a réellement défendus ? Dans le bien qui a pu être fait, quelle est la juste part de chacun et à qui doivent aller vos remerciements ? Certes, ce n'est pas au gouvernement républicain.

S'il est vrai que, dans le département, l'industrie chevaline (la seule peut-être de toutes les industries agricoles) soit prospère ; que la production largement étendue, améliorée, suffise aujourd'hui à tous les besoins de l'armée comme aux demandes multipliées du commerce ; qu'elle attire sur le marché national l'acheteur étranger, chaque année plus nombreux, et qu'au lieu d'importer, comme il y a encore quelques années, plus de 10,000 chevaux, nous en exportions de 30 à 40,000, pour une valeur de plus de 30 millions, tous ces progrès sont dus à la loi de 1874, œuvre de l'Assemblée de 1871, née de l'initiative de quelques-uns de ses membres, notamment de votre ancien député, l'honorable M. Delacour. C'est lui qui en a eu la première pensée ; nous n'avons été que ses collaborateurs. Seulement cette loi, il faut maintenant la défendre contre les commissions des Chambres, contre les ministres qui ne semblent pas en comprendre les bienfaits, et que les dépenses ruineuses qu'ils ont faites obligent à rechercher de ruineuses économies. Cette tâche, votre représentant, le président de la société des chevaux du demi-sang, a su la remplir encore dernièrement.

Si l'agriculture, après l'avoir attendu si longtemps, a obtenu le droit qui protège en partie certains de ses produits, à qui le doit-elle? au parti conservateur, à la minorité de la Chambre, qui n'a cessé de le réclamer, et dont les efforts persévérants ont fini par triompher de la résistance des ministres et des députés républicains. *(Bravo! Bravo! Vifs applaudissements!)*

Si enfin vous êtes encore maîtres chez vous, — propriétaires et cultivateurs qui m'écoutez en ce moment ; — si le produit de vos fruits n'a pas été grevé d'un surcroît d'impôts ; si, pour surveiller votre fabrication, jauger, sceller ou démonter vos chaudières, compulser vos livres de commerce, le fisc n'a pas jusqu'à présent pénétré dans vos celliers, dans vos habitations, à qui devez-vous en rendre grâce ? à vos députés, qui, cette fois encore, ont été les premiers au secours de vos droits, de votre liberté, et les ont défendus victorieusement. *(C'est vrai! c'est vrai! Bravos prolongés.)*

Mais ne croyez pas que vous ayez cessé d'être menacés. Les ministres, paraît-il, n'abandonnent pas leurs projets ; vous les connaissez. — Pour combler les déficits des budgets, il faut recourir à de nouveaux emprunts ; pour en payer les intérêts, créer de nouvelles ressources. C'est à vous qu'on les demandera ; — c'est vous qui payerez la

rançon des fautes, des folies commises par un gouvernement sectaire, imprévoyant et prodigue.

Et que le moment paraît bien choisi pour aggraver le
sort de l'agriculture, déjà si éprouvée, quand à toutes
ses pertes, à toutes ses souffrances, sont venues s'ajouter,
cette année, les rigueurs d'une saison désastreuse ; quand
l'action, la sollicitude des pouvoirs publics devraient, au
contraire, s'exercer pour soulager les maux et alléger les
charges dont elle est accablée !

Les pouvoirs publics ! que sont-ils donc aujourd'hui ?
qu'ont-ils fait pour vous, et qu'en pouvez-vous attendre ?
(*Vifs applaudissements.*)

C'est, dit-on, la supériorité de la République sur la Monarchie, du principe électif sur le principe héréditaire,
que celui-ci peut livrer les destinées de la nation à un
chef incapable, à un indigne, tandis que celui-là les re-
mettra toujours aux mains du plus méritant !

Eh bien ! il y a encore peu de temps, siégeait à l'Elysée
un président, élu deux fois ; il ne s'était montré soucieux
ni du bien qu'il pouvait faire ni du mal qu'il aurait pu
empêcher. Mais, dans sa charge oisive, il représentait
l'austérité, la vertu républicaine ! Pourquoi cependant, et
comment a-t-il été dépossédé, précipité, avant le temps,
du pouvoir que la Constitution lui avait garanti ?... par
le cri de la conscience publique, révoltée des scandales
dont il avait été, sinon le complice intéressé, du moins
le témoin complaisant et coupable.

Etait-ce donc là le plus digne ? (*Double salve d'applaudissements.*)

Et celui qui lui a succédé, était-ce le plus capable ? était-
il désigné, pour occuper la première place dans l'Etat, par

l'éclat de son mérite, de ses services? ou n'y a-t-il été appelé que pour en écarter des prétendances plus justifiées, mais qu'excluaient les rivalités des partis et les menaces de la rue?

Etrange démenti du principe de la République! On peut dire du nouveau président, sans lui manquer de respect, que c'est à son obscurité même, et un peu aussi à l'hérédité, qu'il a dù son élection. (*C'est vrai! Bravo!*)

Quoi qu'il en soit de son autorité, de ses vues personnelles, ce qu'il importe de connaître, c'est seulement la politique de ses ministres, car ce sont les ministres qui gouvernent. Or, avec eux, le pouvoir est aux mains des radicaux. Quel usage en feront-ils? leurs antécédents, leurs programmes, leurs discours, leurs alliances le disent assez. S'ils y demeurent fidèles, nous savons quel avenir nous est réservé, et ce que signifie cette *audace* qu'ils nous ont promise.

C'est sans doute le règne de l'arbitraire, les mesures de haute police, la raison d'Etat proclamée, appliqués aujourd'hui avec cynisme, maintenant qu'ils sont les maîtres, par ceux-là mêmes qui n'ont dù leur renom, leur fortune politique, qu'à l'ardeur avec laquelle ils les combattaient autrefois, au nom de cette autre et supérieure raison, — le droit et la justice.

En attendant l'audace, nous avons vu la faiblesse. Nous avons vu pendant de longs jours la liberté du travail entravée, les ouvriers paisibles et laborieux insultés, opprimés, la sédition tolérée, fomentée, maîtresse de la place publique, la répression tardive et violente de désordres, que la prévoyance d'une autorité vigilante aurait empêché de naître, que sa fermeté n'aurait pas laissé s'étendre et dégénérer en conflits sanglants. (*Sensation prolongée. Applaudissements répétés.*)

Messieurs, voilà le pouvoir exécutif qui gouverne aujourd'hui la République !

Et le législatif, le Parlement actuel, quelles sont ses œuvres ?

Au mois d'octobre 1885, 3 millions et demi d'électeurs — vous étiez de ceux-là — avaient exprimé le vœu que la nouvelle Assemblée, mettant fin à une ère d'intolérance, de persécutions, de prodigalités, et réparant les maux qu'elle a causés, s'appliquât à rendre la paix aux esprits, la confiance aux intérêts, à rétablir l'équité dans l'administration, l'indépendance dans la justice, et à sauvegarder ces deux grandes forces sur lesquelles reposent notre sécurité, notre indépendance : — les finances et l'armée. (*Marques d'adhésion.*)

Comment ce vœu a-t-il été écouté ? Cette Chambre, que devait inspirer l'esprit de modération et de sagesse, a commencé par l'iniquité, par la violence ; elle a proscrit une partie de ses membres, décimé la minorité ; puis, incapable de former une majorité de gouvernement, de soutenir, de maintenir au pouvoir une politique, elle s'est épuisée en crises ministérielles, en agitations stériles ; elle n'a rien réformé, rien achevé, rien fait. Si ! elle a fait une loi de bannissement ; elle a ajouté à la législation scolaire — législation impie — de nouvelles dispositions restrictives de la liberté ; et obéissant à de vains préjugés d'égalité, surtout en haine de la religion, elle a jeté le trouble dans l'organisation militaire. Et dans les finances, quels désordres ! Au lieu de budgets réguliers votés à temps, des douzièmes provisoires ; au lieu de la réduction, l'accroissement des dépenses; au lieu de l'équilibre, le déficit sans cesse grandissant.

Exact et triste bilan de la Chambre de 1885! (*Applaudissements unanimes.*)

Aussi, entendez-vous dans le pays, dont elle a trompé les espérances, trahi les intérêts, demander sa dissolution. On ne l'obtiendra pas de son désintéressement, mais on peut dire que sa carrière est achevée, que ses jours sont comptés, qu'elle finit dans l'impuissance et le discrédit. (*Assentiment unanime.*)

La minorité, cependant, aura mérité de n'être pas enveloppée dans la même disgrâce. Réduite, odieusement réduite dès le premier jour par les invalidations, opprimée depuis, mise pour ainsi dire hors la loi parlementaire, exclue des commissions du budget, où elle aurait exercé un trop sévère contrôle, elle n'a pas cessé de lutter pour les intérêts que vous lui aviez confiés; elle a puissamment contribué au vote des lois protectrices de l'agriculture, défendu le budget des cultes, combattu les lois d'enseignement, la loi sur l'armée. Aussi elle pourra se représenter avec confiance devant son juge, le corps électoral, — devant vous! (*Oui! Oui! applaudissements.*)

Messieurs, les Chambres, les ministres ont pu, par leurs fautes, par leur détestable politique, aggraver la triste situation dans laquelle se débat le pays; ils ne l'ont pas créée, elle a une autre origine, une autre cause ; elle n'est pas seulement le fait des gouvernants, mais aussi, et principalement, celui du principe même, de la nature, du vice de l'institution républicaine et de ses inévitables effets. (*Mouvement d'attention.*) Car, quelles sont les conditions essentielles, nécessaires, de tout gouvernement vraiment digne de ce nom, de toute politique vraiment nationale? C'est la fixité dans les vues, la suite dans les desseins, la constance dans la direction des grands services publics — la diplomatie, l'armée? On ne peut les obtenir que d'un pouvoir stable, sûr du lendemain placé hors de l'atteinte des mouvements variables de l'opinion, des caprices du suffrage populaire, au-dessus des partis, dépositaire et continuateur des traditions du passé, représentant et défenseur des intérêts permanents et durables qui constituent l'unité, la perpétuité et comme la vie même de la nation.

Ces conditions, ces garanties, nous les possédions autrefois. Nous les avons perdues. (*Bravo! Applaudissements.*)

Sous le régime républicain, en effet, rien ne demeure ni ne dure; tout est incertain, mobile et précaire — les hommes et les choses ; tous les pouvoirs, toutes les influences émanent, dépendent de l'élection et varient avec elle ; quand les majorités changent dans le Parlement, tout change dans l'Etat, dans la politique, dans l'administration; les cabinets vivent à peine quelques mois ; — ici, dans l'espace de dix ans, dix ministres se sont succédé au ministère de la guerre! Regardez ailleurs ! (*Applaudissements prolongés.*)

Comment, livré à une pareille instabilité, un grand pays peut-il être gouverné, administré? Hélas! vous le voyez.

La France, trompée par d'illusoires promesses, a voulu faire l'essai de ce régime. Si elle n'est pas à l'heure actuelle suffisamment éclairée, convaincue ; si elle juge qu'elle n'est pas : au dehors, assez isolée, assez abandonnée ; au dedans, assez divisée, déchirée ; que ses droits, ses libertés, ses croyances ne sont pas assez opprimés, sa fortune assez dissipée, et qu'il lui plaise de prolonger l'expérience, soit ! elle est la maîtresse de ses destinées.

Mais le jour viendra, croyez-le, — prochain peut-être, — où la nation, qui déjà manifeste par de trop graves symptômes sa lassitude et ses alarmes, à bout de patience, voudra secouer un joug insupportable, et usant, pour s'affranchir, de l'arme qu'on a employée en 1884 pour l'asservir : la *revision*, brisera la Constitution et cherchera dans un autre régime le refuge et le salut.

Ce jour-là, qu'elle jette les yeux autour d'elle ; qu'elle voie, saisissante leçon ! sous quelle autorité, à l'abri de quel pouvoir, les autres peuples de l'Europe ont créé, développé, affermi et accroissent chaque jour leur puissance.

Qu'elle regarde aussi dans son propre passé, qu'elle demande à l'histoire ce qu'elle était quand elle a occupé si longtemps le premier rang dans le monde.

Elle était le royaume de France ! (*Triple salve d'applaudissements.*)

Quant à moi, messieurs, au terme de ma longue carrière et à la fin de ma vie, je ne peux pas ne pas m'en rappeler les commencements heureux, ces temps paisibles, prospères et glorieux, que j'ai connus, que vos pères ont connus comme moi. (Peut-être s'en trouve-t-il encore parmi vous qui en ont gardé la mémoire.) (*Sensation prolongée.*)

Oui, deux fois, sous le gouvernement monarchique, j'ai vu la France, d'abord si prompte à réparer ses désastres et à refaire sa fortune, plus tard retenue par une main habile et ferme sur la pente de la révolution, je l'ai vue jouir de tous les biens de la paix, de l'ordre et de la liberté ; je l'ai vu florissante, respectée et enviée !

Reverrons-nous de pareils jours ? Je l'espère, et je le crois.

Je l'espère, non pour moi, car je n'ai plus rien à attendre du monde — mon espoir est ailleurs ! — mais pour vous, pour vos enfants, pour notre pays. (*Applaudissements unanimes.*)

Je le crois, parce que la raison me dit que si la Monarchie est la sauvegarde des autres nations, elle sera aussi celle de la nôtre ; que c'est l'institution qui répond le mieux à ses instincts, à ses sentiments, à son génie ; que si le principe sur lequel elle repose — principe de fixité et de durée — est immuable, elle peut, dans ses formes diverses, suivre le mouvement des idées et des mœurs, se plier, s'adapter aux intérêts, aux besoins changeants de la société, et réaliser dans le gouvernement nouveau l'accord fécond de la liberté et de l'autorité — l'accord dont nous donne un admirable exemple le grand peuple voisin qui, l'an dernier, à pareille époque, célébrait, dans son enthousiaste reconnaissance, un règne de cinquante années — le règne d'une femme — sous lequel il a pu accomplir toutes les réformes, tous les progrès, améliorer le sort des classes populaires, accroître ses richesses, réduire sans cesse sa dette, et étendre partout les limites de son vaste empire. Cet empire est une Monarchie !

Je le crois, parce que je connais, Dieu me garde d'oser prétendre ici lui servir de témoin ? mais je connais, j'ai le bonheur de connaître Celui que la Providence, dans sa protection visible, semble avoir réservé pour le grand rôle de restaurateur de la Monarchie, qui en comprend et saura en remplir les difficiles devoirs. — Vous le connaissez aussi ; car on a pu bannir Monsieur le Comte de Paris, on n'a pas banni son nom, son souvenir, et, avec le souvenir, l'espérance ! on peut saisir ses écrits, ses lettres, on ne saisit pas ses idées, ses vues, fruits de longues méditations, d'études profondes, d'une patriotique et constante sollicitude ; elles ont pénétré partout, et appris au pays tout ce qu'il peut attendre du plus ferme caractère, de l'esprit le plus libéral et le plus généreux. (*Applaudissements répétés.*)

Messieurs, l'avenir que j'entrevois, c'est à vous de le préparer, de le mériter ; en le préparant, faites-y tous vos efforts.

Mais vous tous que je vois ici autour de moi, propriétaires, cultivateurs, industriels, hommes de paix et de travail, vous êtes, vous devez être avant tout des conservateurs, c'est-à-dire des citoyens résolus à faire respecter, à sauvegarder ces grands principes, ces grands intérêts qui en tout temps, sous tous les régimes, quels qu'en soient la nature, la forme, et le nom, sont le fondement même de la société — le droit, la justice, la liberté, la religion. (*Bravo ! Applaudissements.*) Malheur aux pouvoirs qui, lorsqu'ils devraient en être les gardiens jaloux, les défenseurs fidèles, trahissent et foulent aux pieds ces intérêts sacrés ! (*Double salve d'applaudissements.*)

En 1885, vous vous êtes unis pour les défendre. Maintenez cette union, cette ligue plus étroite encore s'il est possible, car le danger est encore plus grand, il s'agit de lutter contre la faction qui tient le pouvoir et sa tyrannie, contre ses passions, ses idées, ses desseins subversifs, contre ses prétendues réformes, qui ne sont que des œuvres de destruction et de ruine. Par là, peut-être, vous servirez la République contre elle-même. Qu'importe si vous avez servi d'abord la patrie ? (*Longs et unanimes applaudissements.*)

A l'occasion de ce discours, Monsieur le Comte de Paris a adressé à M. Edouard Bocher la lettre suivante :

Loch Kennard Lodge, 1er septembre 1888.

Mon cher monsieur Bocher,

Je viens de lire le discours prononcé par vous à Pont-l'Évêque au banquet que vous ont offert les électeurs du beau département que vous représentez au Sénat. Je tiens à vous en féliciter. Il est bon que des voix éloquentes comme la vôtre fassent entendre la vérité au pays.

Vous avez qualifié avec une juste sévérité l'attitude d'une assemblée discréditée, impuissante, dont les jours sont aujourd'hui comptés, et qui s'efforce de prolonger son existence parce que la majorité de ses membres redoute le verdict du suffrage universel.

Vous avez raison de rendre justice aux efforts de la minorité courageuse, qui, toujours sur la brèche, n'a jamais manqué de défendre les intérêts conservateurs contre les passions et les prodigalités républicaines. Ceux qui ont fait partie de cette minorité pourront se représenter avec confiance devant les électeurs qui les ont nommés. Ils devront leur nouveau succès, non pas seulement à cette union de tous les conservateurs qui a assuré leur nomination en 1885 et qu'il faudra maintenir énergiquement, mais aussi à la lassitude de tous ceux que l'expérience des trois dernières années a désabusés du régime actuel. Ils pourront, sans rompre cette union, demander la revision de la Constitution et protester, comme vous l'avez fait en 1884, à la tribune du Congrès, contre la prétention de mettre la République au-dessus de la volonté nationale.

Je tiens en particulier à vous remercier de la manière dont vous avez parlé de la monarchie et des services qu'elle seule peut rendre au pays. Elle est la solution nécessaire, et, au jour décisif, le parti monarchique verra ses rangs se grossir de tous ceux qui mettent le salut de la Patrie au-dessus de leurs regrets et de leurs préférences.

Je vous prie de recevoir ici l'assurance des sentiments de Votre bien affectionné

PHILIPPE, COMTE DE PARIS.

Impr. A. WARMONT, galerie d'Orléans (Palais-Royal), Paris.